Meine ersten Monate im Kindergarten

AF284303

Meine ersten Monate im Kindergarten

Interaktives Journal neuer Abenteuer

Bibliografische Information der Deutschen Nationalbibliothek: Die Deutsche Nationalbibliothek verzeichnet diese Publikation in der Deutschen Nationalbibliografie; detaillierte bibliografische Daten sind im Internet über dnb.dnb.de abrufbar.

Herstellung und Verlag:
BoD – Books on Demand, Norderstedt

ISBN: 978-3-7568-8907-5

Index

Index

Das bin ich

Meine Familie und ich

Mein neuer Gruppenraum

Das ist

Name der pädagogischen Fachkraft

Das spiele ich gern in der neuen Gruppe

Das esse ich gern mit den Kindern

Das war mein 1. Tag in der neuen Gruppe

Besondere Dinge geschahen ...

Das war mein 2. Tag in der neuen Gruppe

Besondere Dinge geschahen ...

Das war mein 3. Tag in der neuen Gruppe

Besondere Dinge geschahen ...

Das war meine 2. Woche in der Gruppe

Besondere Dinge geschahen ...

Das war meine 3. Woche in der Gruppe

Besondere Dinge geschahen ...

Das war meine 4. Woche in der Gruppe

Besondere Dinge geschahen ...

Das bin ich

Das war meine 5. Woche in der Gruppe

Besondere Dinge geschahen ...

Das war meine 6. Woche in der Gruppe

Besondere Dinge geschahen ...

Das war meine 7. Woche in der Gruppe

Besondere Dinge geschahen ...

Das war meine 8. Woche in der Gruppe

Besondere Dinge geschahen ...

Datum: ___________

Das spiele ich gern in der neuen Gruppe

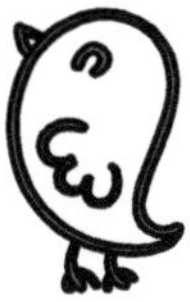

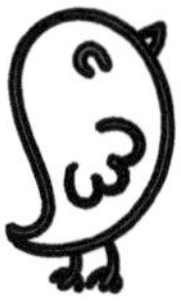

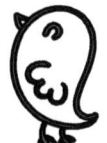

Das war mein 3. Monat in der Gruppe

Besondere Dinge geschahen ...

Das esse ich gern mit den Kindern

Das war mein 4. Monat in der Gruppe

Besondere Dinge geschahen ...

Das bin ich

Das war mein 5. Monat in der Gruppe

Besondere Dinge geschahen ...

Das spiele ich gern in der neuen Gruppe

Das war mein 6. Monat in der Gruppe

Besondere Dinge geschahen ...

Das esse ich gern mit den Kindern

Das war mein 7. Monat in der Gruppe

Besondere Dinge geschahen ...

Das bin ich

Das war mein 8. Monat in der Gruppe

Besondere Dinge geschahen ...

Das spiele ich gern in der neuen Gruppe

Das war mein 9. Monat in der Gruppe

Besondere Dinge geschahen ...

Das esse ich gern mit den Kindern

Das war mein 10. Monat in der Gruppe

Besondere Dinge geschahen ...

Das bin ich

Das war mein 11. Monat in der Gruppe

Besondere Dinge geschahen ...

Das spiele ich gern in der neuen Gruppe

Das war mein 12. Monat in der Gruppe

Besondere Dinge geschahen ...

Das esse ich gern mit den Kindern

Über die Autorin dieses Journals

Seit mehr als 15 Jahren leitet Noreen Naranjos Velazquez als Dipl.-Pädagogin und elementare Musikpädagogin neben ihrer Tätigkeit als freie Fachautorin auch Inhouse-Schulungen in Kitas und gibt Workshops für pädagogische Fachkräfte.

Ihr Erfahrungsschatz in der Elternberatung zum Thema Eingewöhnung ist ebenso umfangreich. An Fernhochschulen ist sie im Bereich der allgemeinen Pädagogik, Sozialen Arbeit und frühen Kindheit unterwegs.

Auf ihrem YouTube-Kanal "ConEvo - Praxistipps & Tricks für soziale Jobs" stellt sie Ideen zum Spielen, Basteln, Tanzen, Singen und Leben mit Kleinkindern vor: youtube.de/@conevo

Dieses Journal lässt sich wunderbar kombinieren mit dem Praxisguide „Glückliche Eingewöhnung in Kita und Tagespflege – Ratgeber für Eltern mit bewährten Tipps und Checklisten", auch geschrieben von Noreen Naranjos Velazquez (ISBN 9783756828999).

Gratis Downloads zum Elternratgeber und zum dazugehörigen Journal stehen auf der Website der Autorin zur Verfügung: conevo-vip.de/eingewoehnung

Gratis Download für Elterngespräch

Evaluationsbogen zum Jounral

Höhepunkte der letzten Monate für Gespräche mit Eltern & Fachkräften übersichtlich aufarbeiten

Das ist der Grundstein für eine individuelle Entwicklunngsbeobachtung.